ALL'EGREGIA E NOBILISSIMA SIGNORINA

VINCENZINA PATERNÒ-CASTELLO

PROMESSA SPOSA ALL'ESIMIO E NOBILISSIMO

BARONE DELLA BRUCA

OMAGGIO DEL DI LEI MAESTRO

DI LETTERATURA FRANCESE

Hippolyte Topin

PURGATOIRE

PURGATORIO
CANTO XXVIII.

ARGOMENTO

Il Paradiso Terrestre—Il fiume Lete—Matelda

Vago già di cercar dentro e dintorno
  La divina foresta spessa e viva,
  Ch' agli occhi temperava il nuovo giorno,
Senza più aspettar lasciai la riva,
  Prendendo la campagna lento lento
  Su per lo suol, che d'ogni parte oliva.
Un' aura dolce senza mutamento
  Avere in sè mi feria per la fronte
  Non di più colpo, che soave vento;
Per cui le fronde tremolando pronte
  Tutte quante piegavano alla parte,
  U' la prim' ombra gitta il santo monte,
Non però dal lor' esser dritto sparte
  Tanto, che gli augelletti per le cime
  Lasciasser d'operare ogni lor arte ;
Ma con piena letizia l'ore prime
  Cantando riceveano intra le foglie
  Che tenevan bordone alle sue rime,
Tal, qual di ramo in ramo si raccoglie
  Per la pineta in sul lito di Chiassi,
  Quand' Eolo Scirocco fuor discioglie.

PURGATOIRE

CHANT VINGT-HUITIÈME

ARGUMENT

Le Paradis Terrestre — Le fleuve Léthé — Mathilde

Impatient déjà d'interroger les lieux
Ou vit le bois sacré, touffu, mystérieux,
Voilant à l'œil l'éclat du jour qui se ravive,
Soudain sans hésiter j'abandonne la rive,
Je saisis la campagne à pas calmes, pesants,
A travers des sentiers tout fleurs et tout encens.
Une brise à longs flots, moelleuse, inaltérable,
Soutenue et toujours, heurtait mon front, semblable
Aux paisibles assauts d'un suave zéphyr.
Elle agitait la feuille et la faisait frémir,
Et la branche inclinait son mobile feuillage,
Ou du matin ce mont projetait son ombrage,
Déviant assez peu de verticalité,
Que les jeunes oiseaux en hospitalité,
Dussent taire leurs jeux et leur douce harmonie;
Mais joyeux saluant l'aurore rajeunie,
Ils chantaient à l'envi sur les rameaux penchants
Dont le bourdonnement accompagnait leurs chants.
Tel dans le Chiassi le pin sombre murmure,
Quand frolant leurs sommets à travers la verdure
Gronde le Sirocco qu'Eole a déchainé.

Già m'avean trasportato i lenti passi
  Dentro all'antica selva tanto, ch'io
  Non potea rivedere, ov'io m'entrassi:
Ed ecco più andar mi tolse un rio,
  Che 'nver sinistra con sue picciole onde
  Piegava l'erba, che 'n sua ripa uscìo.
Tutte l'acque, che son di qua più monde,
  Parrieno avere in se mistura alcuna
  Verso di quella, che nulla nasconde;
Avvegna che si muova bruna bruna
  Sotto l'ombra perpetua, che mai
  Raggiar non lascia Sole ivi, nè Luna.
Co' piedi ristetti, e con gli occhi passai
  Di là dal fiumicello per mirare
  La gran variazion de' freschi mai,
E là m'apparve, sì com'egli appare
  Subitamente cosa, che disvia
  Per maraviglia tutt' altro pensare
Una donna soletta, che si gìa
  Cantando ed isciegliendo fior da fiore,
  Ond' era pinta tutta la sua via.
Deh bella Donna, ch' a' raggi d' amore
  Ti scaldi, s' i' vo' credere a' sembianti,
  Che sogliou' esser testimon del core,
Vegnati voglia di trarreti avanti,
  Diss' io a lei, verso questa riviera
  Tanto, ch' i' possa intender, che tu canti.
Tu mi fai rimembrar dove, e qual' era
  Proserpina nel tempo, che perdette
  La madre lei, ed ella primavera.
Come si volge con le piante strette
  A terra, e intra se donna, che balli,
  E piede innanzi piede a pena mette,
Volsesi in su' vermigli ed in su' gialli
  Fioretti verso me non altrimenti,
  Che vergine, che gli occhi onesti avvalli;
E fece i preghi miei esser contenti
  Sì appressando se, che 'l dolce suono
  Veniva a me co' suoi intendimenti.

Mes pas m'avaient déjà lentement entrainé
Mais si loin dans le bois, que ma vaine science
N'y pouvait, n'y savait s'expliquer ma présence.
Soudain par un ruisseau mes pas sont arrêtés,
Sous ses flots vagabonds vers la gauche emportés,
Sur les bords de son lit pliait l'herbe naissante.
De toute l'eau d'ici l'eau la plus transparente
Révèlerait aux yeux plus d'une impureté,
Auprès de celle-ci vive limpidité.
Son onde s'écoulait, il est vrai, sombre, sombre,
Sous la feuille immobile et perpétuant l'ombre
Ou lune ni soleil jamais ne resplendit.
Mon pied se tait, mes yeux marchent de là le lit
Du doux fleuve, ils voulaient admirer la parure
De ces multiples Mais honneur de la nature.
Là m'apparut, (ainsi que parfois apparaît
A nos regards émus un merveilleux attrait
Qui veut que notre esprit à nul autre ne pense,)
Seule une jeune femme et qui vers moi s'avance,
Chantant, sa main cueillait et puis encor cueillait
Les fleurs dont sous ses pas le sol étincelait.
Oh, Dame de beauté qu'amour céleste enflamme
Si j'en crois à ces traits qui me disent ton âme.
Car les traits sont du coeur l'habituel témoin.
Eh, que ne te plait il de n'être plus si loin,
Lui dis-je, viens aux bords de cette douce rive
Assez, j'y saisirai ta voix trop fugitive.
Ton aspect me redit Proserpine et le lieu
Ou sa mère aspirant son éternel adieu,
Perd sa fille qui perd sa moisson printanière.
Telle se meut sans art la jeune bayadère,
Rase le sol d'un pied qu'elle ramène en soi,
Posant à peine l'un devant l'autre ; vers moi
Telle elle vint foulant et fleur jaune et vermeille,
A travers les sentiers tout parfumés, pareille
A la beauté pudique humiliant ses yeux,
Contenta mes souhaits d'un air tout gracieux,
Me joignit, et si près que de sa voix aisée,
Arrivait jusqu'à moi le mot et la pensée.

Tosto che fu là, dove l' erbe sono
  Bagnate già dall' onde del bel fiume,
  Di levar gli occhi suoi mi fece dono.
Non credo, che splendesse tanto lume
  Sotto le ciglia a Venere trafitta
  Del figlio fuor di tutto suo costume.
Ella ridea dall' altra riva dritta
  Traendo più color con le sue mani,
  Che l' alta terra senza seme gitta.
Tre passi ci facea 'l fiume lontani :
  Ma Ellesponto, là 've passò Xerse,
  Ancora freno a tutti orgogli umani,
Più odio da Leandro non sofferse
  Per mareggiare intra Sesto e Abido,
  Che quel da me, perchè allor non s' aperse.
Voi siete nuovi : e forse perch' io rido,
  Cominciò ella, in questo luogo eletto
  All' umana natura per suo nido,
Maravigliando tienvi alcun sospetto :
  Ma luce rende il salmo *Delectasti*,
  Che puote disnebbiar vostro 'ntelletto.
E tu che se' dinanzi, e mi pregasti,
  Dì s' altro voi udir ; ch' io venni presta
  Ad ogni tua question, tanto che basti
L' acqua, diss' io, e 'l suon della foresta
  Impugnan dentro a me novella fede
  Di cosa, ch' io udî contraria a questa.
Ond' ella : I' dicerò, come procede
  Per sua cagion, ciò ch' ammirar ti face,
  E purgherò la nebbia, che ti fiede.
Lo sommo Ben, che solo esso a sè piace
  Fece l' uom buono a bene, e questo loco
  Diede per arra a lui d' eterna pace.
Per sua diffalta qui dimorò poco :
  Per sua diffalta in pianto ed in affanno
  Cambiò onesto riso e dolce giuoco ;
Perchè 'l turbar, che sotto da se fanno
  L' esalazion dell' acqua e della terra
  Che quanto posson dietro al calor vanno,

A peine sur le bord ou le gazon naissant
Boit à l'envi les flots du limpide torrent,
D'un regard de ses yeux elle me fit la grâce,
Jamais plus beau rayon de ceux que rien n'efface
Ne brilla sous les cils de la belle Cypris,
Frappée étourdîment des flèches de son fils.
Sur la rive opposée, au gré de ses caprices,
Riante elle effeuillait les diaprés calyces,
Que ce tertre produit sans des germes y nés.
Ce torrent nous tenait de trois pas éloignés,
Mais d'Helle que Xercès se rendit navigable
Barrière à tout orgueil encore insurmontable,
Léandre maudit moins les tumultueux flots
Pour aborder de Seste aux rives d' Abydos,
Que moi ce ruisselet qui barrait mon passage,
Nouveaux-venus, peut-être un souriant visage,
Dit-elle, en ce séjour de prédilection
Aux enfans des humains berceau d'élection
En vous émerveillant tient votre âme inquiète,
Mais le *delectasti* du lyrique prophète
Luit d'un éclat qui peut illuminer le coeur.
Et toi qui m'es devant, toi mon solliciteur
Dis si tu veux ouïr plus, car me voilà prête
A rendre sur tout point ton ame satisfaite.
La voix de la forêt, dis je, son onde en moi
Heurtent à découvert ma tout récente foi,
Car de ce que j'ai su je sens tout le contraire.
Elle : sur cette cause il faut que je t' éclaire,
T'explique le secret de ton étonnement.
Et chasse les brouillards de ton entendement
Le premier bien qui seul se complaît en soi-même
Engendra l' homme bon pour son bonheur suprême,
D'une éternelle paix cet Eden fut l'enjeu,
La faute en fut à lui s'il y séjourna peu.
La faute en fut à lui si douleurs et tristesse
Supplantèrent les ris et la douce liesse,
Pour calmer au-dessous le conflit permanent
Des vapeurs de la terre et de l'onde émanant,
Qui sur les pas du feu vont autant que possible.

All' uomo non facesse alcuna guerra ;
   Questo monte salìo ver lo Ciel tanto
   E libero è da indi, ove si serra.
Or perchè in circuito tutto quanto
   L' aer si volge con la prima volta
   Se non gli è rotto 'l cerchio d' alcun canto
In questa altezza, che tutta è disciolta
   Nell' aer vivo, tal moto percuote,
   E fa sonar la selva, perch' è folta :
E la percossa pianta tanto puote
   Che della sua virtute l' aura impregna
   E quella poi girando intorno scuote :
E l' altra terra, secondo ch' è degna
   Per sè o per suo Ciel, concepe e figlia
   Di diverse virtù diverse legna.
Non parrebbe di là poi maraviglia
   Udito questo, quando alcuna pianta
   Senza seme palese vi s' appiglia,
E saper dei, che la campagna santa,
   Ove tu se', d' ogni semenza è piena
   E frutto ha in sè, che di là non si schianta
L' acqua, che vedi, non surge di vena,
   Che ristori vapor, che giel converta
   Come fiume, ch' acquista, o perde lena,
Ma esce di fontana salda e certa,
   Che tanto del voler di Dio riprende,
   Quant' ella versa da duo parti aperta.
Da questa parte con virtù discende,
   Che toglie altrui memoria del peccato ;
   Dall' altra d' ogni ben fatto la rende,
Quinci Lete, così dall' altro lato
   Eunoè si chiama ; e non adopra
   Se quinci e quindi pria non è gustato,
A tutt' altri sapori esso è di sopra:
   E avvegna ch' assai possa esser sazia
   La sete tua ; perchè più non ti scuopra,
Darotti un corollario ancor per grazia,
   Nè credo, che 'l mio dir ti sia men caro,
   Se oltre promission teco si spazia.

Et faire qu'aux mortels il ne fut point nuisible
Ce mont se prolongea vers le ciel assez haut
Restant libre du point ou sa croupe se clot.
Comme en cercle sans fin éternel dans sa route
Tourne l'air emporté par sa première voute,
Si sa sphéricité d'aucun point ne se rompt,
Un mouvement pareil heurte aussi ce haut mont,
Dans un Ether subtil indépendant espace
Et fait gronder le bois résistant par sa masse ;
Et l'arbre a tel pouvoir quand les vents l'ont battu
Qu'il emprègne les airs de sa toute vertu,
Puis l'air en tournoyant la propage à la ronde,
Tandis que l'autre terre ou plus ou moins féconde
De son ciel ou de soi donne en postérité
De diverses vertus, bois de diversité.
Ceci dit ce n'est donc qu'un effet ordinaire
Si la plante parait au terrestre hémisphère
Y naître et s'élever sans germe préparé
Connais et tu le dois cet asyle sacré
Ou ton pied pose, il est en soi la pépinière
Des germes et des fruits refusés à la terre.
L'onde qu'ici tu vois fugitive bondir
N'est point de ces vapeurs que le froid sait unir,
Tel qu'un fleuve qui perd ou reprend son haleine,
Mais jaillit d'une source immuable, certaine
Qui retrouve en Dieu seul et dans sa volonté,
Autant d'eau qu'en épand sa libéralité
D'une part elle va forte de la puissance
Qui des péchés passés ravit la souvenance ,
De l'autre en nous le bien par elle est rappelé,
Elle est d'ici Léthé, de la gauche Eunoé,
Sa vertu toute fois reste non avenue
Si d'ici, si delà, son onde n'est point bue.
Nulle eau parmi les eaux ne l'égale en saveur
Et bien qu'elle ait en toi satisfait cette ardeur
Qui réveillait ta soif pour que j'aie à me taire,
Je veux par grace encor t'offrir un corollaire,
Et mon dire je crois ne te déplaira pas,
Plus avant avec toi s'il promène ses pas.

Quelli, ch' anticamente poetaro
  L' età dell' oro, e suo stato felice,
  Forse in Parnaso esto loco sognaro,
Qui fu innocente l' umana radice:
  Qui primavera sempre, ed ogni frutto:
  Nettare è questo, di che ciascun dice.
Io mi rivolsi addietro allora tutto
  A' miei poeti, e vidi, che con riso
  Udito avevan l' ultimo costrutto
Poi alla bella donna tornai il viso.

Tels qui jadis de l'or ont poétisé l' âge
Peut-être en le créant en leur divin langage,
Sur le Pinde ont rêvé de sa félicité
Ici fut innocent le type-humanité,
Ici printems toujours, pas de fruit qui n'y naisse:
Cette onde est le Nectar dont chacun dit sans cesse:
Vers mes bardes alors je fais front, de tous deux
J'en consulte les traits, j'y vois un ris douteux
Qui de ces derniers mots suivait l échaffaudage,
Puis vers ma déité j'ai tourné le visage.

NOTES

(1) Dans ce chant comparable à tout, ce que l'antiquité a produit de plus suave dans le genre élégiaque et idyllique, le poéte se revêt des plus vives couleurs et des plus riches ornements. Son vers y est doux, simple, frais, limpide, mélodieux. Si la doctrine physique, doctrine de l'époque, n'y est pas très juste, elle y est du moins très poétique.

(2) Mathilde de Canosse comtesse, duchesse était fille et unique héritière de Boniface Duc et Marquis de Montferrat, et de Béatrix soeur d'Henri trois empereur d'Allemagne veuve de Godefroi le bossu duc de Lorraine, elle avait épousé Welf duc de Bavière et s'en était séparée par un divorce. Elle possedait de son chef une grande partie de la Toscane, Mantoue, Parme, Reggio, Plaisance, Ferrare, Modène, Verone, presque tout ce qu'on appelle aujourd'hui le patrimoine de st. Pierre, de Viterbe jusqu'à Orviette, une partie de l'Ombrie, de Spolète, de la Marche d'Ancone. Son attachement à la religion et à Grégoire VII alla au point qu'elle fit une donation de toutes ses terres au Pape, et si par ses dons elle a consolidé la puissance temporelle qu'avaient fondée Pepin et Charlemagne elle fut aussi la cause première des guerres interminables entre le Sacerdoce et l'Empire (Les Guelphes et les Gibellins).

(3) Che agli occhi ec.

Ce vers présente un double sens. Si la langue italienne est plus riche dans sa vocabulation, plus savante dans ses constructions, plus forte dans son harmonie que la plûspart des langues modernes, ce qu'elle doit à son propre génie, à la puissance de la plénitude des sons, à la netteté de son accent prosodique, d'un autre côté le manque de variation dans ses désinences rend parfois la pensée louche, équivoque ou obscure.

 Con altra voce omai, con altro vello
 Ritornerò poeta. *Parad. Cant.* 25, *vers.* 7.

Voici encore un double sens: celui-ci nait des idées et non du rapport des mots; il est même si remarquable que sans doute le poète qui toujours est maître de son vers l'a glissé à dessein pour ne point compromettre sa modestie, laissant au lecteur à deviner sa pensée, *che qui per necessitá si registra.*

4. La gran variazion dei *freschi mai.*

Les deux dernières expressions de ce vers sont encore dans la langue et les mœurs provencales. *Lou mai* est ordinairement un sapin ou un mélèze sec des plus élevés qu'on peut trouver on l'orne de bandelettes de diverses couleurs, il est surmonté d'une touffe de laurier ou d'olivier.; on le plante le premier Mai ou tout autre jour de fête devant la porte de la personne que l'on veut honorer ou sur la place publique du hameau, ou du village, la veille de la fête du lieu, et on vient y danser autour au son du *Galoubet* (le fifre) et du Tambourin provencal.

(5) Deh, bella Donna ec.

La plûpart des interprètes ont vu dans la bella donna que le poète ne nomme pas encore mais qu'il fera connaître plus bas, Mathilde, qui toute dévouée à l'église représente ici l'amour de l'église qui dispose Dante à en voir le triomphe dans cette forêt.

(6) . . . . il dolce suono
Veniva a me co' suoi intendimenti.

C'est peut être le vers le plus suave, le plus philosophiquement poétique qui jamais ait été fait. Entendement dans Montaigne est employé comme ici dans le sens de *pensiero.*

Souvent les deux langues se rencontrent, mais souvent elles luttent envain.

Mi ripingeva ove il sol tace enfer 1.e ch.
Me refoulait aux lieux ou le soleil se tait.

Rispose mi : non uom ; uomo già fui id.
Homme, non, m'a-t il dit mais jadis homme, oui.

Non frondi verdi, ma di color fosco,
Non rami schietti, ma nodosi e involti
Non pomi v' eran, ma stecchi con tosco. enf. ch. 13.
Au lieu d' un vert feuillage, un feuillage livide
Au lieu d' unis rameaux des torsions des nœuds,
Au lieu de fruits naissaient des piquants vénéneux.

Dante resiste souvent a la traduction il faut la chercher et la bien chercher; il ya chez lui comme dans toutes les langues des beautés de style ou d' harmonie qui sont intraduisibles :

Ambo le mani per dolor mi morsi

C' est le vers d' un poète qui a senti la faim sans en être vaincu, vers d' une harmonie sombre, d' un laconisme effrayant, désespoir des traducteurs.

www.ingramcontent.com/pod-product-compliance
Lightning Source LLC
Chambersburg PA
CBHW071451060426
42450CB00009BA/2377